Markus Hubner

Bildungsmanagement: Qualifikationsprofil für Bildungsmanager

GRIN Verlag

Bibliografische Information der Deutschen Nationalbibliothek:

Die Deutsche Bibliothek verzeichnet diese Publikation in der Deutschen National-
bibliografie; detaillierte bibliografische Daten sind im Internet über http://dnb.d-
nb.de/ abrufbar.

Impressum:

Copyright © 2007 GRIN Verlag GmbH
Druck und Bindung: Books on Demand GmbH, Norderstedt Germany
ISBN: 978-3-640-86208-5

Dieses Buch bei GRIN:

http://www.grin.com/de/e-book/71132/bildungsmanagement-qualifikationsprofil-
fuer-bildungsmanager

GRIN - Your knowledge has value

Der GRIN Verlag publiziert seit 1998 wissenschaftliche Arbeiten von Studenten, Hochschullehrern und anderen Akademikern als eBook und gedrucktes Buch. Die Verlagswebsite www.grin.com ist die ideale Plattform zur Veröffentlichung von Hausarbeiten, Abschlussarbeiten, wissenschaftlichen Aufsätzen, Dissertationen und Fachbüchern.

Besuchen Sie uns im Internet:

http://www.grin.com/

http://www.facebook.com/grincom

http://www.twitter.com/grin_com

Katholische Universität Eichstätt-Ingolstadt

Philosophisch-Pädagogische Fakultät

Lehrstuhl für Erwachsenenbildung und Außerschulische Jugendbildung

Bildungsmanagement:
Qualifikationsprofil für Bildungsmanager

Seminararbeit im Hauptseminar

Grundlagen der betrieblichen Weiterbildung

Sommersemester 2006

Name: Markus Hubner

Inhaltsverzeichnis

Verzeichnis verwendeter Abkürzungen

BWL	Betriebswirtschaftslehre
bzw.	beziehungsweise
d.h.	das heißt
f.	folgende
ff.	fortfolgende
ggfs.	gegebenenfalls
i.d.R.	in der Regel
IT	Informationstechnik
rd.	rund
sog.	so genannte/n
u.a.	unter anderem / und andere
u.ä.	und ähnliche
z.T.	zum Teil

Verzeichnis der Abbildungen

0 Vorwort und Aufbau der Seminararbeit

Die Aufgaben, welche im Bildungsbereich beruflich Tätige übernehmen, sind vielfältig und beschränken sich nicht nur auf die tatsächliche Lehre. Hauptberuflich tätige nehmen vor allem auch planerische, beratende und organisierende bzw. verwaltende Aufgaben in Bildungseinrichtungen wahr oder sind in leitender Funktion tätig. Diese Aufgaben der Gestaltung von Bildungsprozessen und der Führung von Bildungsbetrieben umschreibt man heute oft unter dem Begriff Bildungsmanagement.[1] Eine Tätigkeit in diesem Bereich erfordert eine spezifische Qualifikationsstruktur: Neben pädagogischen Fachkenntnissen wird offenbar auch Wissen über Beratung, Verwaltung und in betriebswirtschaftlichen Bereichen notwendig sein, um im Bildungsmanagement tätig zu werden. Mit der Frage, was Bildungsmanager eigentlich sind und welche Qualifikationen Bildungsmanager benötigen, beschäftigt sich die folgende Seminararbeit.

Die Arbeit beginnt mit der notwendigen Klärung einiger Begrifflichkeiten, um eine solide Ausgangsbasis weiterer Erörterungen zu schaffen. Daran anschließend wird das Bildungsmanagement im Gebiet der Erwachsenenbildung in den Blick genommen. Die Hintergrundfolie, auf der die Aufgaben des Bildungsmanagers entwickelt werden, ist dabei immer der pädagogische Prozess, der jeder Bildungsmaßnahme zu Grunde liegt, denn im Bildungsmanagement ist aus Sicht der Erwachsenenbildung die Pädagogik die maßgebliche Leitdisziplin. Die Arbeit wird mit dem dritten Abschnitt weiter geführt, der – ausgehend von den Managementaufgaben in Bildungsprozessen und Bildungseinrichtungen – die Anforderungen an die Qualifikationsstruktur derjenigen ermittelt, welche sich mit diesen Managementaufgaben befassen. Dabei wird hier auch eine etwas weiter gefasste Abgrenzung des Begriffs des Bildungsmanagers angeboten.

Die Arbeit schließt mit der Zusammenfassung der Ergebnisse und einem Anreißen möglicher Konsequenzen für die Erwachsenenbildung.

---

[1] Vgl. dazu beispielsweise den Artikel Bildungsmanagement der mittlerweile recht beliebten WWW-Enzyklopädie ‚Wikipedia': http://de.wikipedia.org/wiki/Bildungsmanagement; Zugriff erfolgt am 18.08.2006.

1 Begriffsklärungen

Die Themenstellung der Seminararbeit ist nicht ohne eine gründliche vorausgehende Begriffsklärung zu bearbeiten: Mit den Begriffen Bildung, Qualifikation und Management führt die Aufgabenstellung Zentralbegriffe der Pädagogik und der Betriebswirtschaft im Titel, die angemessen aufbereitet werden müssen. Erst wenn eine Abgrenzung der Begrifflichkeiten von ähnlichen, bisweilen synonymen oder synonym verwendeten Termini wie beispielsweise Wissen, Unternehmensführung oder Kompetenzen erfolgt ist, kann die Aufgabenstellung auch bearbeitet werden.

1.1 Bildung

Einen der wichtigsten Begriffe in der Pädagogik stellt der Bildungsbegriff dar. Da er eine deutsche Besonderheit ist und in anderen Sprachen kaum eine wörtliche Entsprechung findet, ist er „einer der Grundbegriffe und zugleich ein Programm der Deutschen Pädagogik, wenn nicht gar *der* Grundbegriff und *das* Programm."[2] Der Bildungsbegriff umfasst dabei zwei Bereiche. Einerseits wird er für den Prozess, also den Vorgang der Bildung gebraucht, andererseits beschreibt er auch das Resultat des Prozesses, also die Bildung welche ein Mensch besitzt. Bildung als Ergebnis kann als „die durch Erfahrung und vielfältige Anstrengung erworbene individuelle Prägung im Denken, Fühlen und Handeln, die das Welt- und Selbstverständnis des Menschen bestimmt"[3] bezeichnet werden. Mit dieser Beschreibung dürfte ausreichend das individuelle Moment der Bildung erläutert sein, woraus auch ohne eine nähere Abgrenzung des Managementbegriffs einsichtig wird, dass das *unmittelbare Ergebnis des Bildungsprozesses* beim jeweiligen Menschen als ‚individuelle Prägung' einem wie auch immer gearteten Management von Außen völlig entzogen ist, sofern man von einer, in der Pädagogik aber nicht angestrebten, bewussten Manipulationen absieht.

Anders ist der Sachverhalt jedoch bei den *Bildungsprozessen an sich* zu beurteilen. Bildungsprozesse beruhen, sofern es sich um intentionale Lehr- Lernprozesse handelt, auf bestimmten Prinzipien und sind einer plan- und absichtsvollen Gestaltung zugänglich; diese Gestaltung wird in der Pädagogik unter dem Begriff der Didaktik behandelt. Der formale Aufbau von Bildungsprozessen stellt sich wie folgt[4] dar: Bedarfsanalyse/Zielsetzung, Pla-

---

[2] KOCH (1999), 78. Textauszeichnung im Original.
[3] KOCH (1999), 78.
[4] Vgl. GERLICH (1999), 12.

nung/Entwicklung/Vorbereitung, Durchführung, Feststellung der Ergebnisse im Lernfeld, Anwendung ggfs. mit Feststellung der Ergebnisse im Anwendungsfeld.

Der beschriebene prinzipielle Aufbau von Bildungsprozessen wäre in der eben beschriebenen Form auch für reine Prozesse der Wissensvermittlung einsetzbar. Wenn aber bewusst von Bildung und Bildungsprozessen gesprochen wird, ist damit zumeist eine andere inhaltliche Qualität gemeint[5], da Bildungsprozesse über die reine Wissensvermittlung hinaus sich immer auch auf die Reflexion der Grundfrage des Verhältnisses von Mensch und Welt beziehen.[6] Die deutsche Pädagogik hat zur Bildung, verstanden als Prozess, vor allem zwei Idealformen hervorgebracht: Das Bildungsideal der Aufklärung mit einem transitiven Ansatz des ‚gebildet werden' nach einem existierenden Vorbild und den klassischen humanistischen Allgemeinbildungsbegriff im Sinne eines reflexiven ‚sich bilden' nach dem inneren Prinzip. Darauf folgend kommt es bis heute im Wesentlichen zu einer produktiven Auseinandersetzung mit beiden Vorstellungen.[7]

1.2 Management

Der Begriff ‚Management' gehört laut SCHNECK zu den „schillerndsten Erscheinungen in der wissenschaftlichen Literatur."[8] Etymologisch stammt der Begriff aus dem Lateinischen und kam über die Italienische Sprache in das Englische und von dort als Fremdwort ins Deutsche.[9] Ursprünglich bedeutet ‚manum agere' soviel wie ‚an der Hand führen'.[10] In der Betriebswirtschaft bezeichnet Management sowohl die Führungspersonen als auch die Tätigkeit dieser Personengruppe, also die Unternehmensführung als Arbeitsaufgabe. Von einer echten Führungsentscheidung spricht man dann, wenn die Entscheidung sich in relevantem Umfang auf die jetzige oder künftige wirtschaftliche Lage auswirkt, für den gesamten Verantwortungsbereich von Bedeutung ist und nicht an untergeordnete Stellen delegiert werden kann oder darf.[11] Entscheidungen des Managements sind für Unternehmen auf verschiedenen Ebenen notwendig. So unterscheidet sich der Verantwortungsbereich und damit die tragweite der Führungsentscheidungen natürlich, ob es sich um die oberste Leitungsebene eines Unternehmens oder aber um die Leitung von bestimmten Teilbereichen handelt. Sämtliche Manage-

---

[5] Zumindest insoweit, als nicht Bildung nicht nur als Synonym für Unterricht und Unterweisung gemeint ist.
[6] Vgl. KOCH (1999), 83.
[7] Vgl. KOCH (1999), 79.
[8] SCHNECK (2000), 627.
[9] DROSDOWSKI (1963), 419.
[10] Vgl. SCHNECK (2000), 627.
[11] Vgl. WÖHE/DÖRING (1996), 98.

mententscheidungen lassen sich aber aus vier Führungsfunktionen ableiten. Diese Funktionen sind die Koordination der Personen und Sachmittel, die Information und Motivation des Personals, die Repräsentation und rechtliche Vertretung sowie die Festlegung der Ziele. Die Tätigkeit des Managements bezeichnet man auch als dispositive Arbeit und die Gesamtheit der Führungsorgane als dispositiven Faktor.[12] Damit ist verdeutlicht, dass diese Arbeit im Gegensatz zu ausführenden Arbeitsaufgaben gesehen wird. Die Aufgaben der mit dispositiver Arbeit betrauten Personengruppe können in einem so genannten Management-Kreis zusammenfassend dargestellt werden. Damit wird auch bildlich verdeutlicht, dass die einzelnen Teilbereiche der Führung kein Abarbeiten eines linearen Programms sind, sondern dass es wechselseitige Abhängigkeiten und Rückkopplungen gibt.

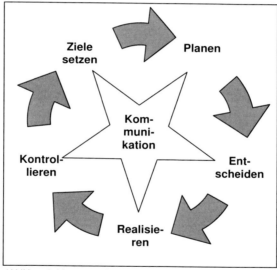

Abbildung 1: Managementkreis.
Eigene Darstellung verändert nach WÖHE/DÖRING (1996), 97.

1.3   Qualifikation

Im Zusammenhang mit notwendigen Fähigkeiten stößt man immer wieder auf die Begriffe Kompetenz und Qualifikation, ggfs. auch auf den Bildungsbegriff. Bringt man die Begrifflichkeiten in eine Reihung vom Allgemeinen zum Speziellen, dann stellt der Bildungsbegriff

---

[12]   WÖHE/DÖRING (1996), 97.

gemäß der unter 1.1 getroffenen Abgrenzung die allgemeinste Disposition dar. Kompetenzen und Qualifikationen hingegen sind spezifiziert. Man unterscheidet gewöhnlich drei[13] (Selbstkompetenz [auch: Persönlichkeitskompetenz], Sachkompetenz und Sozialkompetenz) oder vier[14] (Trennung der Sachkompetenz in Fachkompetenz und Methodenkompetenz) Kompetenzdimensionen und nimmt bei Qualifikationen eine ähnliche Trennung vor. Die gesamte Handlungskompetenz bzw. das gesamte Qualifikationsprofil einer Person besteht dann aus der Summe der Ausprägungen der jeweiligen Kompetenzen/Qualifikationen der einzelnen Dimensionen. Kompetenz bezeichnet zunächst die Fähigkeit und das Vermögen, „bestimmten Anforderungen zu entsprechen"[15], während die Performanz die tatsächliche Anwendung in der Handlungssituation meint. Kompetenz ist im Gegensatz zur Qualifikation allgemeiner gefasst und zunächst nicht auf eine spezielle (berufliche) Tätigkeit gerichtet. Demgegenüber bezieht sich Qualifikation auf eine konkrete, zumeist ökonomische Verwertbarkeit.[16] Es hat daher durchaus seine Berechtigung, wenn der Titel der Seminararbeit auf die Qualifikationen eines Bildungsmanagers abstellt, wenn das Ziel ist, die notwendigen beruflich verwertbaren Fähigkeiten zu beschreiben, die aber sicherlich nicht die gesamte Bildung eines pädagogisch Tätigen ausmachen. An dieser Stelle sei davor gewarnt, Bildung – und dazu gehört auch die Berufsausbildung – nur im Hinblick auf spätere verwertbare Qualifikationen zu konzipieren. Bildung darf eben nicht *nur* zum „Instrument der Ökonomie reduziert werden [...] [sondern ist dem] ganzen Menschen verpflichtet"[17]. In diesem Zusammenhang ist auch kritisch auf Entwicklungen hinzuweisen, welche das universitäre Studium vermehrt auf den Gesichtspunkt der reinen Vermittlung von Qualifikationen reduzieren. Dies geschieht beispielsweise z.T. durch den Bologna-Prozess. Kritiker warnen hier vor der „wirtschaftsgerecht und zeitgeistfreundlich eingerichteten Hochschule", in dem die Studenten „alles über das Wie, wenig über das Warum und gar nichts über das Wichtigste von allem, das Wozu der Wissenschaft" erfahren.[18]

---

[13]   Vgl. PASCHEN (1999), 303.
[14]   Vgl. DEWE (2000), 365-366.
[15]   REINHOLD u.a. (1999), 303.
[16]   Vgl. REINHOLD u.a. (1999), 433.
[17]   REINHOLD u.a. (1999), 433.
[18]   ADAM (2006), 8.

1.4 Die Aufgabenstellung der Seminararbeit

Bringt man zunächst die bisher erarbeiteten Ausführungen zu Bildung und Management im Begriff des Bildungsmanagements zusammen, ergeben sich vor allem zwei Arbeitssegmente der Pädagogik und der Wirtschaftswissenschaft, die mit Bildungsmanagement zu bezeichnen sind.

Zum Ersten ist Bildungsmanagement die unternehmerische Führung – also das Management – von Einrichtungen und Unternehmen des Bildungsbereiches.[19] Analog zu Unternehmen in anderen Branchen fallen auch dem Management eines Bildungsunternehmens die Aufgaben der Betriebsführung hinsichtlich der Gestaltung der finanziellen und personellen Rahmenbedingungen und der Erstellung und Vermarktung der Leistung zu. Jede Branche hat dabei ihre betriebswirtschaftlichen Besonderheiten. Daher kann man auch von der speziellen BWL ‚Bildungsbetriebslehre‘ sprechen.[20] Bildungsbetriebslehre bezeichnet dann die Wissenschaft vom betriebswirtschaftlichen Führen von Unternehmen des institutionalisierten Bildungswesens. Aufgabenstellung der Seminararbeit ist damit, das Qualifikationsprofil herauszuarbeiten, welches eine Führungskraft der Branche ‚Bildungswesen‘ besitzen muss, um ein Unternehmen in diesem Bereich oder eine damit befasste Abteilung erfolgreich zu führen. Ob dieser Bereich nun eher zur Wirtschaftswissenschaft oder zur Pädagogik gezählt werden muss, ist sicherlich strittig und vor allem eine Frage des wissenschaftlichen Standpunkts des Betrachters. Festzuhalten ist dabei aber, dass eine Bildungsbetriebslehre ohne die Erkenntnisse der Pädagogik unmöglich ist. Zumindest der Kernbereich der Leistungserstellung wird vornehmlich durch diese Wissenschaft bestimmt und auch im Bereich der Marktanalyse und des Absatzes der Leistungen sind pädagogische Bezüge vorhanden – genauso wie auch eine Industriebetriebslehre an die Erkenntnisse der Natur- und Ingenieurwissenschaften anknüpft.

Zum Zweiten ist Bildungsmanagement aber auch als Gestalten von Bildungsprozessen zu verstehen. Bereits im Abschnitt 1.1 der vorliegenden Arbeit wurde erwähnt, dass Bildungsprozesse – im Gegensatz zum individuellen Ergebnis der Prozesse beim einzelnen Menschen – gestaltbar sind und dass hier eine der Kernaufgaben der Pädagogik liegt, die zumeist mit

---

[19] Da der Bildungsbereich neben privatwirtschaftlichen Unternehmen vor allem auch andere Formen der Institutionalisierung (staatliche hoheitliche Institutionen, öffentliche oder gemeinnützige Einrichtungen, kirchliche Stellen usw.) aufweist, wird von Unternehmen und Einrichtungen gesprochen. Im weiteren Verlauf ist beim Begriff ‚Unternehmen‘ die Existenz von diesen anderen Institutionsformen stets mitgedacht.

[20] Die Wortbildung ist analog zu sehen mit ‚eingeführten‘ speziellen Betriebswirtschaftslehren wie der Industriebetriebslehre oder der Bankbetriebslehre. Akademisch vertreten wurde das Fachgebiet nach dem Wissensstand des Autors nur vom mittlerweile emeritierten Univ.-Prof. DDr. Gerhard E. Ortner an der Wirtschaftswissenschaftlichen Fakultät der Fernuniversität Hagen.

Didaktik als Tätigkeit der Planung und Analyse von Lehr-Lernprozessen bezeichnet wird.[21] Der Teilprozess der Durchführung selbst kann dabei durchaus delegiert werden, denn didaktisches Handeln findet genauso auf der System- und Programmebene[22] und nicht nur auf der Ebene der mikrodidaktischen Entscheidungen bei der unmittelbaren Vorbereitung und Durchführung der Bildungsmaßnahme statt. Sehr deutlich wird dies am Beispiel der Schule: Die didaktischen Entscheidungen beispielsweise über Lehrpläne und deren Fortentwicklung, über Stundentafel, über die Ausstattung und Einrichtung von Schulformen und Schulen, über Prüfungen (z.b. Zentralabitur) und über die Gestaltung eines Großteils der Unterrichtsmaterialien (z.b. Schulbücher) erfolgt nicht durch den letztendlich durchführenden Pädagogen, sondern ist im Einflussbereich von übergeordneten Stellen angesiedelt. Letztendlich handelt es sich hierbei also um Managemententscheidungen des Bildungsprozessmanagements. Auch ein Prozessmanagement erfüllt in den einzelnen zu treffenden Entscheidungen im Wesentlichen die Kriterien, welche an Führungsentscheidungen zu legen sind. Aufgabenstellung der Seminararbeit ist damit auch, das Qualifikationsprofil herauszuarbeiten, welches ein Pädagoge benötigt, um Bildungsprozesse in ihrer Gesamtheit zu planen und nachzubereiten. Hierbei wird in dieser Arbeit das Gebiet der Erwachsenenbildung beleuchtet und insbesondere solche Bereiche der Erwachsenenbildung in den Blick genommen, wo – ähnlich wie im eben beschriebenen Beispiel des Schulsystems – Prozessmanagementaufgaben und Durchführung entkoppelt sind.

Die vorliegende Arbeit unternimmt also den Versuch, die notwendigen Qualifikationen einer im Bildungsbetriebs- oder Bildungsprozessmanagement tätigen Person zu beschreiben. Oftmals wird eine klare Trennung zwischen den beiden Bereichen nur eingeschränkt in der Theorie möglich sein, da in der Erwachsenenbildung durchaus beide Elemente in einer Arbeitsstelle enthalten sein können. Die Anforderungen an solche Positionen unterscheiden sich in der Praxis je nach Position und Unternehmen natürlich auch erheblich und sind nicht zuletzt ein Stück weit auch von der Interpretation der Position durch den Stelleninhaber und seinem Selbstverständnis abhängig. Notwendigerweise muss daher diese Seminararbeit die Beschreibung der Qualifikationen auf einem eher hohen Abstraktionsniveau in allgemeiner Form liefern.

---

[21] Vgl. DIEDERICH (1999), 119. Der in Abbildung 1 beschriebene Managementkreislauf weist im Übrigen eine gewisse Parallelität zu dem in Abschnitt 1.1 beschriebenen formalen Ablauf von Bildungsprozessen auf. Dies ist auch nicht weiter verwunderlich, da ein gezielter Bildungsprozess genauso wie andere zielorientierte Maßnahmen bewusst gestaltet werden kann.

[22] Vgl. TIETGENS (1992), 189.

2   Bildungsmanagement als Aufgabe der Erwachsenenbildung

Im ersten Kapitel der Arbeit wurde bereits dargelegt, welche beiden Aspekte der Begriff Bildungsmanagement beinhaltet. Zur Weiterführung der Seminararbeit ist nun in einem nächsten Schritt aufzuweisen, dass Bildungsmanagement mit beiden skizzierten Teilbereichen Aufgabe der Erwachsenenbildung ist *und in der Praxis* tatsächlich als Aufgabe der Erwachsenenbildung und damit der Erwachsenenbildner angesehen wird. Wäre dies nicht der Fall, würde die Bearbeitung der Frage nach den Qualifikationen eines Bildungsmanagers im Rahmen des Faches Erwachsenenbildung sinnlos sein, da eine Zuständigkeit nicht gegeben wäre. Die Bezugnahme zur Praxis ist bei dieser Fragestellung im Übrigen erheblich, da die theoretisch erarbeiteten Elemente der Qualifikation auf die ökonomische Verwertbarkeit in der gelebten Berufspraxis hin überprüft werden müssen; geschieht dies nicht, wird das Versprechen des Qualifikationsbegriffs, tatsächlich beruflich verwertbare Fähigkeiten zu beschreiben, nicht eingelöst. Methodisch wird sich die Seminararbeit bei der Beantwortung der verschiednen Fragestellungen auf die Aussagen der Literatur stützen, da sich eine eigene Erhebung im Praxisfeld als zu aufwändig darstellen würde.

2.1   Arbeitsbereiche und Aufgaben professioneller Erwachsenenbildner

Die Professionalisierung in der Erwachsenenbildung ist – verglichen mit anderen Berufen – noch relativ jung und sehr breit gefächert. Ein tradiertes Berufsfeld mit relativ klaren Arbeitsbereichen, wie es bei anderen akademischen Berufen meist üblich ist, gibt es nicht. Deshalb lassen sich die Arbeitsbereiche und Aufgaben derjenigen, die hauptberuflich in der Erwachsenenbildung arbeiten, nicht ohne weiteres nennen. Um das Aufgabenspektrum zu erschließen, bieten sich beispielsweise folgende Zugänge an:

- Wie in der Pädagogik insgesamt nahm auch in der Erwachsenenbildung die Professionalisierung vor allem mit der Einrichtung des Diplomstudiengangs Pädagogik ihren Aufschwung. Hier entstand bei den Hochschulen das Interesse, zu untersuchen, welche Tätigkeiten die Absolventen nach dem Studium ausüben werden. Daher entstanden – vor allem auch in der Anfangszeit des Diplomstudiengangs – einige Studien und Forschungsarbeiten sowie Literatur zur Tätigkeit der hauptberuflichen Erwachsenenbildner.

- Wenn Erwachsenenbildner am Arbeitsmarkt gesucht werden und dies über öffentlich zugängliche Stellenanzeigen erfolgt, können oft zumindest Teile der Aufgabenstellungen daraus erkannt werden.

- Die Profile der berufsqualifizierenden Studiengänge an Hochschulen geben zumindest annähernd die Tätigkeitsbereiche wieder, welche in der späteren Ausübung des Berufs erwartet werden, da eine gewisse Rückkopplung aus der Praxis an die Hochschule unterstellt werden kann. Zudem wirkt die Ausbildung der späteren Stelleninhaber langfristig auch prägend auf die spätere Berufspraxis.

Zu den Veröffentlichungen der Erwachsenenbildung im Rahmen der ‚Selbstvergewisserung' des eigenen Faches und zur Überprüfung des Erfolgs der Ausbildung von Erwachsenenbildnern dient die Schrift von FÜLLGRAFF. Sie Untersuchte Stellenanzeigen für Erwachsenenbildner[23] und die darin aufgeführten Aufgabenbereiche und bezog auch Studien anderer Autoren zu diesem Thema mit ein. Beispielhaft wird hier anhand dieser Veröffentlichung die identifizierten Aufgaben- und Tätigkeiten eines Erwachsenenbildners genannt:[24]

- Programmplanung
- Mitarbeiterbetreuung
- Lehre
- Seminar- und Tagungsleitung
- Organisation / Verwaltung
- Modellentwicklung, Didaktische Planung
- Bildungspolitik
- Auf- und Ausbau (von Einrichtungen)
- Bedarfsanalyse
- Erfolgskontrolle
- Öffentlichkeitsarbeit
- Beratung
- Andere Aufgaben

Zusammengefasst und systematisiert nach dem in 1.1 vorgestellten Ablauf von Bildungsmaßnahmen und auch nach der persönlichen Erfahrung des Autors aus seiner Berufstätigkeit in der Erwachsenenbildung ergeben sich aus den genannten Punkten für den in der Erwachsenenbildung Tätigen folgende Hauptarbeitsbereiche:

- Interessen und Bedarf der Zielgruppe ermitteln
- Auswahl und Betreuen von (ggfs. nebenberuflichen) Erwachsenenbildnern
- Programmplanung (ggfs. auch unter bedarfsweckenden Gesichtspunkten), Individualmaßnahmen planen
- Entwicklung der Maßnahmen
- Vertrieb und Öffentlichkeitsarbeit
- Beratung von Teilnehmern und Interessenten

---

[23] Mit Erwachsenenbildner ist hier eine in der Erwachsenenbildung tätige Person gemeint. Es muss sich dabei nicht unbedingt um einen Absolventen des Studiengangs Erwachsenenbildung handeln. Bisweilen werden sogar gezielt andere Professionen gesucht.

[24] Vgl. FÜLLGRAFF (1975), 23.

- Durchführen der Veranstaltungen
- Evaluation der Maßnahmen
- Verwaltung der Einrichtung unter wirtschaftlichen Gesichtspunkten

2.2   Aufgabenspektrum des Bildungsmanagement

Um die Qualifikationsanforderungen eines Bildungsmanagers zu beschreiben, ist es notwendig, aus den gesamten Arbeitsbereichen und Aufgaben der Erwachsenenbildner die Elemente zu identifizieren, welche den Bereichen des Bildungsbetriebs- und des Bildunsgprozessmanagements zuzuordnen sind. Betrachtet man die in 2.1 genannten Hauptarbeitsbereiche näher, so zeigt sich, dass man diese weiter zusammenfassen und systematisieren kann. Vorschläge für eine Systematisierung werden in der Literatur geboten: FAULSTICH nennt als Funktionsbereiche Planen, Lehren, Beraten[25], HAHN spricht von den Aufgaben des Entdecken, Analysieren und Implementieren von neuem Wissen als Aufgaben des Weiterbildungsmanagements[26] und ARNOLD/HÜLSHOFF geben die fünf Bereiche Analyse, Training/Schulung, Beratung, Organisation/Administration sowie Führung[27] an. Damit kann zunächst festegestellt werden, dass es für den Erwachsenenbildner einen Aufgabenbereich gibt, der eine im engeren Sinn unterrichtende Tätigkeit ist und dass es Aufgabenbereiche gibt, die vor- und nachbereitend, begleitend und administrierend sind. Um in der bisherigen Konzeption des Bildungsmanagements zu bleiben, kann man auch formulieren: Dem Erwachsenenbildner fallen neben der direkten Durchführung und Leitung von Veranstaltungen auch Aufgaben im Bereich den Bildungsprozess- und des Bildungsbetriebsmanagements zu. In der folgenden grafischen Übersichtsseite wird nun versucht, diesen Sachverhalt anschaulich darzustellen und eine *Auswahl* entsprechender Aufgaben den einzelnen Hauptarbeitsbereichen zuzuordnen. Natürlich muss hier darauf hingewiesen werden, dass es in der Erwachsenenbildung immer auch Arbeitsbereiche gibt, die Querschnittsaufgaben sind und die nicht eindeutig einem Bereich zuordenbar sind. Die folgende Übersicht kann daher nur einen Anhaltspunkt geben, in welchem Arbeitsbereich der Schwerpunkt der Tätigkeit zu sehen ist.

---

[25] Vgl. FAULSTICH (1981), 43.
[26] Vgl. HAHN (1993), 332.
[27] Vgl. ARNOLD/HÜLSHOFF (1981), 94.

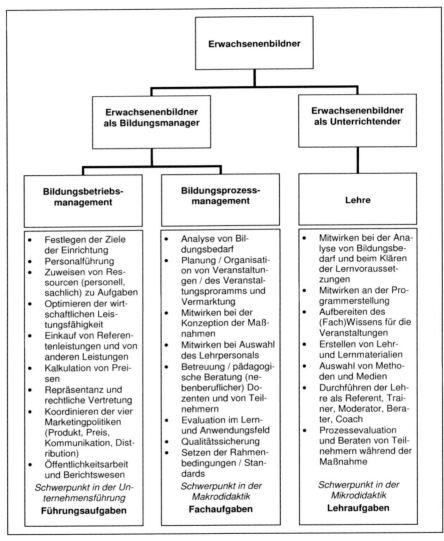

Abbildung 2: Aufgaben eines Erwachsenenbildners. Eigene Darstellung. Als Quellen neben eigenen Überlegungen verwendet: BECKER (1999), SCHULER/BAUSCH (1992); WEIß (1992); ARNOLD/ HÜLSHOFF (1981).

2.3 Weiterbildung in Betrieben – ein Arbeitsfeld für Bildungsmanager

An dieser Stelle und wird der Fokus auf Betriebe der gewerblichen Wirtschaft gerichtet, wenn es um die Tätigkeit der Bildungsmanager geht. Dies hat seine Berechtigung, wenn man die Trägerstrukturen der Erwachsenenbildung in Deutschland betrachtet. Die Arbeitgeber und Betriebe nehmen mittlerweile in der Weiterbildung insgesamt als Träger eine führende Rolle ein. In der Weiterbildung insgesamt liegt der Anteil der Arbeitgeber/Betriebe an den Teilnahmefällen bei fast einem Drittel, in der beruflichen Weiterbildung tragen sie bei den Teilnahmefällen über die Hälfte, beim Weiterbildungsvolumen über ein Drittel. Selbst in der allgemeinen Weiterbildung haben die Arbeitgeber/Betriebe mit einem Anteil an Teilnahmefällen zwischen 8 und 9% Träger wie Kirchen, Parteien und Gewerkschaften deutlich überholt. Insgesamt weist der Anteil der Arbeitgeber/Betriebe eine weiter steigende Tendenz auf.[28] Damit wird klar, dass Erwachsenenbildner vor allem auch von Unternehmen am Arbeitsmarkt nachgefragt werden. Eine Betrachtung der Qualifikationsanforderungen muss also diesen Bereich berücksichtigen. Einen gewissen Eindruck kann die folgende grafische Darstellung vermitteln.

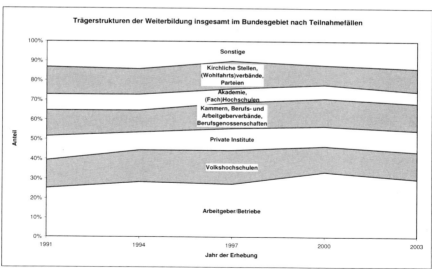

Abbildung 3: Trägerstrukturen in der Weiterbildung insgesamt im Bundesgebiet nach Teilnahmefällen.
Eigene Darstellung nach BUNDESMINISTERIUM FÜR BILDUNG UND FORSCHUNG (2006), 287 .

---

[28]   Vgl. BUNDESMINISTERIUM FÜR BILDUNG UND FORSCHUNG (2006), 283-302.

Damit lohnt es sich, den Bereich der betrieblichen Weiterbildung etwas näher anzusehen. Unter Betriebliche Weiterbildung versteht man Maßnahmen, die von Unternehmen[29] für die eigenen Organisationsmitglieder durchgeführt werden. Sie finden „in der Regel während der Arbeitszeit" statt, da sie „eng mit dem betrieblichen Interesse verbunden"[30] sind. Die Kosten trägt im Regelfall der Arbeitgeber. Betriebliche Weiterbildung kann zum einen im Betrieb selbst stattfinden zum anderen außerhalb des Betriebs. Die Durchführung kann sowohl eigenen Mitarbeitern der Organisation wie auch organisationsfremdem Personal obliegen. Ebenso kann die Bildungsmaßnahme im Unternehmen selbst oder außerhalb des Betriebs veranstaltet werden. Zwar kann im Rahmen einer Seminararbeit keine erschöpfende Darstellung des Themenbereichs geleistet werden, jedoch soll zumindest kurz die zeithistorische Entwicklung der Personalarbeit, zu der auch die betriebliche Weiterbildung gehört, dargestellt und auch ein paar Worte zum Stellenwert des Bildungsmanagements in Unternehmen verloren werden.

In der Personalarbeit können verschiedene Phasen[31] unterschieden werden. Bis 1950 spricht man von der *Verwaltungsphase* während der die reinen verwaltenden Tätigkeiten (Einstellungen, Beschäftigung mit Entgeltabrechnung, Entlassung) dominierten. Mit zunehmend differenzierten Berufsanforderungen und einer Verknappung der Arbeitskräfte gewannen die Mitarbeiter als Erfolgsfaktor an Bedeutung. In der Zeit bis 1970 erfolgte daher die zunehmende Akzeptanz der Personalarbeit in der sog. Anerkennungsphase. Mit den Regelungen des Betriebsverfassungsgesetzes und des Mitbestimmungsgesetzes wurde das Personalwesen weiter aufgewertet und in der bis etwa 1985 andauernden Integrationsphase vollends bis auf oberster Ebene in das Gesamtmanagement integriert. Die danach einsetzende Neustrukturierungsphase war dazu eine gewisse Gegenbewegung: Aufgaben der Personalarbeit – auch im Bereich der Personalentwicklung[32] – werden zunehmend wieder auf die direkten Führungskräfte der Mitarbeiter verlagert, es kommt zu einer Arbeitsteilung zwischen Personalabteilung und Linienführungskraft. Mit der allmählich flächendeckenden Verbreitung von IT-Systemen und deren Vernetzung ergaben sich auch für die Personalarbeit neue Möglichkeiten. Etwa seit dem Jahr 2000 wurde begonnen, mittels der Informationstechnik verschiedenen Funktionen der Perso-

---

[29] Statt Unternehmen sind auch andere Organisationen denkbar, z.B. Kirchen, Non-Profit-Organisationen usw. die auch für ihre Mitarbeiter betriebliche Weiterbildung anbieten können.

[30] HAMACHER (1976), 52 zit. nach DIEMER/PETERS (1998), 23.

[31] Die Darstellung orientiert sich bis zur Neustrukturierungsphase an GÖHLER (1997), 9. Die Phase der IT- und Prozessorientierung ist vom Autor selbst eingeführt.

[32] Vgl. BECKER (1997), 27.

nalarbeit zu unterstützen. Dies führte auch zu einer verstärkten Orientierung an Prozessen und deren Standardisierung und Optimierung.

Bildungsmanagement und damit Bildungsmanager kann es naturgemäß nur dann in einem Unternehmen geben, wenn Personalentwicklung[33] und infolge dessen auch betriebliche Weiterbildung als Aufgabe der Personalarbeit erkannt sind. Dies ist frühestens ab der ‚Anerkennungsphase' der Fall. Personalentwicklung wird in der Personalwirtschaft[34] verstanden als die „planmäßige, zielgerichtete Veränderung von Qualifikationen, vor allem um künftige Anforderungen an die Tätigkeit im Unternehmen gerecht zu werden."[35] Hier treffen die unterschiedlich gelagerten Interessen der Mitarbeiter und des Unternehmens aufeinander. Während das Unternehmen an einer passgenauen Qualifizierung interessiert ist, streben Mitarbeiter in der Regel eher die Verbesserung der generellen Beschäftigungsfähigkeit und ihre Karrieresicherung an.[36] Jeder der in diesem Umfeld eine Tätigkeit als Bildungsmanager ausübt, muss sich dieses Interessenkonflikts bewusst sein und einen gewissen Ausgleich schaffen können.

Wenn man die Managementfunktionen betrachtet und ein umfassendes Bild zeichnen möchte, ist es auch notwendig, sich den Stellenwert der Managementfunktionen zu vergegenwärtigen, der zumeist über die hierarchische Einordnung in die Aufbauorganisation eines Unternehmens ausgedrückt wird. BECKER[37] schlägt eine Organisationsstruktur vor, bei der der Leiter Weiterbildung (gleichberechtigt z.B. neben dem Leiter Ausbildung oder dem Leiter Organisationsentwicklung) an den Leiter zentrale Personalentwicklung berichtet und dieser direkt an die Geschäftsleitung bzw. an das zuständige Vorstandsmitglied. In einer Erhebung aus dem Jahr 1992 zeigt sich auch, dass die meisten (rd. 2/3 der befragten Bildungsmanager) an die erste oder zweite Ebene unterhalb der Geschäftsleitung berichten, knapp ein Fünftel sogar an die Geschäftsleitung selbst.[38] Auch wenn diese Angaben nicht mehr als einen Trend wiedergeben können, so zeigt es doch, dass sich die Personalentwicklung und Weiterbildung bereits vor über 10 Jahren als Funktion im Personalwesen etabliert hat und zumeist gleichberechtigt neben anderen Funktionen des Personalwesens unterhalb der Personalleitung angesiedelt ist. Ein höherer Stellenwert ist aus Sicht der betriebswirtschaftlichen Organisationslehre auch nicht zu

---

[33] Personalentwicklung besteht in der Auffassung des Autors aus mehreren Handlungsfeldern und umfasst nicht nur die betriebliche Weiterbildung. Dies kann im Rahmen dieser Arbeit aber nicht vertieft werden.

[34] Personalwirtschaft ist das Teilgebiet der Betriebswirtschaft, das sich mit dem Produktionsfaktor menschliche Arbeit befasst.

[35] GÖHLER (1997a), 6.

[36] Vgl. GÖHLER (1997a), 6.

[37] Vgl. BECKER (1999), 331.

[38] Vgl. SCHULER/BAUSCH (1992), 40.

erwarten, da Unternehmen primär wirtschaftliche Ziele verfolgen und Weiterbildung im Wesentlichen als Mittel zum Zweck einsetzen.

Sieht man sich die Struktur des Arbeitgebers derjenigen Personen an, die sich selbst als ‚Bildungsmanager' bezeichnen, wird deutlich, dass Großunternehmen bei weitem überwiegen. In der bereits zitierten Studie ergab sich, dass 90% der Bildungsmanager in Unternehmen mit 300 und mehr Beschäftigten arbeiten, etwa 75% in Unternehmen mit mehr als 2.000 Mitarbeitern. Dies muss vor allem vor dem Hintergrund gesehen werden, dass nach Erhebungen des Statistischen Bundesamtes im Jahr 2003 lediglich 10.660 von rd. 3,17 Mio. Unternehmen 250 und mehr Mitarbeiter hatten und auch nach der Kopfzahl der Belegschaft nur 30% der Arbeitnehmer in Unternehmen mit 250 und mehr Mitarbeitern beschäftigt waren. Dennoch kann keine Rede davon sein, dass kleinere und mittelgroße Unternehmen keine betriebliche Weiterbildung betreiben würden. Nach einer Erhebung aus dem Jahr 2004 liegt der Betrag, den Unternehmen mit bis zu 50 Mitarbeitern aufwenden, bei immerhin 1.151 EUR pro Jahr und Mitarbeiter und ist damit sogar höher als der Gesamtdurchschnitt aller Unternehmen, der bei 1.072 EUR liegt.[39] GÖHLER hat damit nur bedingt Recht, wenn er feststellt, dass die Personalentwicklung in größeren Unternehmen besser entwickelt ist.[40] Allerdings müssen in kleineren Unternehmen, in denen offenbar kaum hauptberufliche Bildungsmanager und Weiterbildungsabteilungen vorhanden sind, die Aufgaben der Bildungsmanager anderweitig wahrgenommen werden. Während große Unternehmen oft eigenes Personal im Bildungsmanagement und auch für die Lehre selbst vorhalten, sind kleine und mittelständische Betriebe auf externe Weiterbildungsanbieter, also auf den Weiterbildungsmarkt verwiesen.[41]

3   Qualifikationen eines Bildungsmanagers

3.1   Abgrenzung des Begriffs ‚Bildungsmanager'

Bisher wurde in der Arbeit öfter von Erwachsenenbildung und dem Erwachsenenbildner und auch vom Bildungsmanagement und dem Bildungsmanager gesprochen und es wurde angedeutet, dass das Bildungsmanagement als ein Teilbereich der Erwachsenenbildung anzusehen ist. Was bisher noch fehlt, ist aber eine Abgrenzung dessen, wer in der Praxis der Betriebe die Aufgaben des Erwachsenenbildners als Bildungsmanager übernimmt. Im Bildungsbetriebs-

---

[39] Vgl. O.V. (2006).
[40] Vgl. GÖHLER (1997a), 6.
[41] Vgl. REINEMANN (2002), z.B. 72.

management ist dies relativ leicht erkennbar: Es sind die verantwortlichen (kaufmännischen) Führungskräfte der Weiterbildungsunternehmen und der Personalentwicklungsabteilungen. Differenzierter stellt sich der Sachverhalt jedoch im Bildungsprozessmanagement dar. Zum Ende des vorigen Abschnitts wurde auch darauf hingewiesen, dass in kleineren Unternehmen keine hauptberuflichen Bildungs(prozess)manager vorhanden sind. Daher wird an dieser Stelle vom Autor eine Taxonomie der Bildungsmanager vorgeschlagen, die den Blickwinkel weiter fasst, was zwangsläufig als Folgerungen für das geforderte Qualifikationsprofil nach sich ziehen wird, dass es nicht *das* Qualifikationsprofil für alle Bildungsmanager geben kann.

Bildungsmanager ist zunächst eine Person, die einer Führungsebene einer Organisation angehört (Manager) oder in fachlich in leitender/beratender Position maßgeblichen Einfluss besitzt und sich im Schwerpunkt der Tätigkeit mit dem Bereich Bildung (Personalentwicklung) der organisationsangehörigen Mitarbeiter befasst. Dies sind alle *hauptberuflichen Mitarbeiter der Personalentwicklungsabteilungen* größerer Unternehmen in Leitungsfunktionen (i.d.R. v.a. Bildungsbetriebsmanager) oder in qualifizierten Fachfunktionen (i.d.R. v.a. Bildungsprozessmanager).

In kleinen Unternehmen werden verschiedene Unternehmensfunktionen an externe Stellen im Wege des Outsourcing vergeben. Der Fremdbezug bzw. die Fremderstellung ist oft kostengünstiger als die Erstellung im eigenen Betrieb. Dies gilt auch für Managementfunktionen. So wird in kleineren Unternehmen beispielsweise oft die Funktion des Controllings – im Zuge der Auslagerung der Buchführung und der Lohnabrechnung an den Steuerberater – teilweise auch extern wahrgenommen oder unterstützt. Gleiches kann auch bei der Managementfunktion Personalentwicklung und Weiterbildungsmanagement erfolgen. Bildungsmanager ist daher auch, wer als *Mitarbeiter in einem Bildungsunternehmen* oder einer anderen Organisation in führender (i.d.R. v.a. Bildungsbetriebsmanager) oder fachlich leitender Funktion (i.d.R. v.a. Bildungsprozessmanager) Bildungsprodukte bereitstellt, und damit Erwachsenenbildung in anderen Unternehmen/Organisationen ermöglicht.

Ein Outsourcing von Managementfunktionen ist jedoch nie vollständig möglich, da es für Managementfunktionen ja gerade konstitutiv, ist Führungsentscheidungen zu beinhalten und diese sich, wie in Abschnitt 1.2. dargelegt wurde, in relevantem Umfang auf die jetzige oder künftige wirtschaftliche Lage des Unternehmens auswirken. Daher wird auch beim Outsourcing des Bildungsmanagements ein Teil der Entscheidung immer im Unternehmen selbst, bei Führungskräften oder Mitarbeitern, verbleiben. Bildungsmanager eines Unternehmens ist damit auch *jede Führungskraft*, die sich mit der Weiterbildung der unterstellten Mitarbeiter befasst und darüber entscheiden kann, auch wenn dies in Zusammenarbeit mit unternehmensexternen Stellen erfolgt. Bildungsmanager für sich selbst ist auch *jeder Mitarbeiter*, der eigen-verantwortlich über seine eigene Weiterbildung (mit)entscheidet.

3.2 Ableiten eines Qualifikationsprofils für Bildungsmanager

Im Rahmen einer Seminararbeit können Qualifikations- und Kompetenzmodelle nicht aufge-arbeitet werden. Wie in Abschnitt 1.4 angekündigt, kann daher nur eine Beschreibung der Qualifikationen auf hoher Abstraktion erfolgen.

Grundsätzlich kann aus dem bisher gesagten abgeleitet werden, dass jeder der im Aufgaben-gebiet eines Bildungsprozessmanagers hauptberuflich arbeitet zunächst einmal *fundierte Erwachsenenpädagogische Fachkenntnisse* benötigt, wie sie im Regelfall in einem Hochschul-studium vermittelt werden. Ergänzend ist zu fordern, dass der Bildungsmanager ein Mindest-maß an *Fachkunde im betreuten Themenbereich* aufweisen muss, um überhaupt die Aufgaben des Erkennens von Bildungsbedarf, die Zusammenarbeit mit Fachexperten bei der Maßnah-menerstellung und die Aufgaben in der Beratung wahrnehmen zu können, also um Anerken-nung als Gesprächspartner im Fachgebiet zu finden. *Grundlagen der Personalführung* bei der Betreuung der nebenamtlichen Erwachsenenbildner kommen hinzu. Beim Bildungsbetriebs-manager sind neben den pädagogischen Kenntnissen insbesondere fundierte und praxiserprob-te *betriebswirtschaftliche Fähigkeiten* nötig, die Fähigkeit zur Personalführung als eine seiner Kernaufgaben ist wie bei jeder anderen Führungskraft zu fordern.

Klar ersichtlich wird, dass eine rein betriebswirtschaftliche Ausbildung wohl kaum den päda-gogischen Ansprüchen an hauptberufliche Bildungsmanager genügen kann. Daher werden in den einschlägigen Qualifikationskatalogen[42] auch vor allem pädagogische Fähigkeiten ge-nannt, betriebswirtschaftliche Fachkenntnisse (z.B. „Methoden der Kalkulation, Budgetierung und Administration von Bildungsmaßnahmen") bleiben eine – wenn auch notwendige – Er-gänzung.

Fasst man den Begriff des Bildungsmanagers weiter und bezieht darin auch alle Führungs-kräfte mit ein, wird klar, dass pädagogische Fähigkeiten eine wichtige Schlüsselstellung im Führungshandeln einnehmen. Hier sind aber durchaus auch Mitarbeiter aufgefordert, den ei-

---

[42] Auf eine Wiedergabe der Qualifikationskataloge bzw. Qualifikationsforderungen wird an dieser Stelle ver-zichtet. Verwiesen sei auf folgende drei Veröffentlichungen: ARNOLD/HÜLSHOFF (1981), 94-100; AR-NOLD (1997), 194-195; ARNOLD u.a. (1998), 137-140; KRAFT (1998), 58; PETERS (2004), 58. Gemäß dem gegenwärtigen Kenntnisstand der Personalwirtschaft muss ohnehin für die jeweils *konkret* zu besetzende Stelle ein jeweiliges Sollprofil erarbeitet werden, so dass allgemeine Aussagen zu notwendigen Qualifikatio-nen sehr oberflächlich bleiben müssen. Zur Problematik der Qualifikationskataloge siehe KRAFT (1998), 58.

genen Bildungsweg – auch im Dialog mit der Führungskraft – zu gestalten und Verantwor-
tung für das ‚Management' der eigenen Weiterbildung zu übernehmen

4   Zusammenfassung und Ausblick

Qualifikationsprofile korrespondieren eigentlich im Wesentlichen mit Ausbildungsgängen,
die den Absolventen zu einer dem Qualifikationsprofil entsprechenden beruflichen Tätigkeit
befähigen. So bezeichnete der Deutsche Bildungsrat 1970 Qualifikationen als Fähigkeitsbün-
del, die in Bildungsgängen erworben und durch Prüfungen und Zeugnisse dokumentiert werden, während die Kompetenzen eher personengebundenes Können darstellen.[43] Naturgemäß
müsste eigentlich der Studiengang der Erwachsenenbildung den Absolventen zu einer hauptberuflichen Tätigkeit im Bildungsmanagement qualifizieren, jedoch wurde der Studiengang –
bewusst – allgemeiner konzipiert und ist nicht auf eine spezifische Ausbildung zum Bildungsmanager gerichtet. Dennoch kann wohl kein anderer Studiengang als der zum Pädagogen derzeit besser die Qualifikationen vermitteln, welche im Bildungsprozessmanagement
notwendig sind. Auch das Bildungsbetriebsmanagement fußt als Grundwissenschaft auf der
Pädagogik. Um hier Fuß fassen zu können, ist jedoch eine fundierte Kenntnis der kaufmännischen Praxis – ggfs. nicht notwendigerweise der Theorie – unabdingbar. Dass in der Praxis
auf diesen Stellen auch oder vor allem Kaufleute eingesetzt werden, erscheint zumindest
nachvollziehbar, wobei zumindest auf eine starke pädagogische Sekundärqualifikation zu
achten ist, ohne die ein Führen von pädagogischen Mitarbeitern auch sehr schwer realisierbar
erscheint. Der Einsatz von Fachleuten anstatt Pädagogen im Bereich der Lehre, soweit es die
Vermittlung von Fachwissen betrifft, ist allerdings unabdingbar und ist auch seit jeher Praxis
der Erwachsenenbildung.

Ein Manko der Absolventen der Erwachsenenbildung beim Einsatz im hauptberuflichen Bildungsmanagement ist nach PETERS, dass Qualifikationsdefizite in zwei Bereichen festzustel-
len sind: Zum einen fehlt die Fachkompetenz für ein spezifisches Gebiet und zum anderen
fehlen betriebswirtschaftliche Kenntnisse, welche „angesichts der zunehmenden Vermarkt-
wirtschaftlichung der institutionalisierten Erwachsenenbildung/Weiterbildung und der Erwei-
terung des erwachsenenpädagogischen Handlungsspektrums um die innerbetriebliche Personalentwicklung"[44] nötig sind. Aus diesem Grund haben in der Erwachsenenbildung mittler-

---

[43]   PETERS (2004), 57.
[44]   PETERS (2004), 60.

weile Absolventen ‚fachfremder' Studiengänge mit erwachsenenpädagogischer Zusatzausbildung oft bessere Chancen als ausgebildete Pädagogen.[45] Jedoch kann es nicht Ziel sein, pädagogische Qualifikationen bei der Tätigkeit im Bildungsmanagement als nicht zwingende Bestandteile zu erachten und fachliche oder betriebswirtschaftliche Kenntnisse allein als ausreichende Voraussetzung zu begreifen. Bildungsmanagement trägt den Begriff der Bildung in sich und damit einen äußerst hohen Anspruch.[46] Daher kann zusammenfassend festgestellt werden: Ohne tiefes erwachsenenpädagogisches Wissen wird der Anspruch an Bildungsmanagement nicht zu erfüllen sein. Hier besteht allerdings die Gefahr, pädagogisches Wissen als ‚Jedermann-Kompetenz' zu betrachten, die man durch eigene Erfahrungen der Schul- und Studienzeit mitbrächte oder die kurzfristig erwerbbar[47] sei, weswegen auch Absolventen anderer Fachrichtungen für eine Tätigkeit im Bildungsmanagement qualifiziert sind. Dementsprechend ist auch die Gefahr gegeben, dass bei der ‚Nachqualifizierung' von fachwissenschaftlich ausgebildeten Personen für das Bildungsmanagement, auch unter dem Einfluss der späteren Anstellungsträger, der betriebswirtschaftliche Bereich überbetont, der pädagogische Aspekt jedoch untergewichtet wird. Für die Ausübung des Berufs des Bildungsmanagers wird ein ausgewogenes Verhältnis von Pädagogik, Fachwissen und betriebswirtschaftlicher Handlungskompetenz nötig sein. Eine Reduktion der betrieblichen Weiterbildung auf ökonomische Fragen und Kriterien verhindert aber eine optimale Gestaltung der Lehr-Lern-Arrangements und damit den Nutzen betrieblicher Bildungssysteme[48] und ist damit letztendlich wieder ökonomisch unvernünftig.

Für die wissenschaftliche Erwachsenenbildung und für die Absolventen des Studiengangs besteht derzeit jedoch die akute Gefahr, einen großen Teil der Erwachsenenbildungspraxis als Beschäftigungs- und Einflussgebiet auch weiterhin nicht für sich gewinnen zu können. SCHULER/BAUSCH stellten 1992 fest, dass in Unternehmen, die Bildungsmanager beschäftigen, etwa 40% der Stelleninhaber Kaufleute sind, ein weiteres Fünftel Ingenieure und andere Techniker und nur etwa 35% auf Sozialwissenschaftler und andere Ausbildungsgänge entfal-

---

[45] PETERS (2004), 60 und SCHULER/BAUSCH (1992), 94.

[46] Vielleicht sollte an manchen Stellen überlegt werden, ob ‚Bildungsmanagement' tatsächlich den Anspruch erfüllt, den es vorgibt. Vielleicht wäre es an der einen oder anderen Stelle ehrlicher, von Wissens-, Unterrichts- oder Lehrgangsmanagement zu sprechen, wenn der Bildungsanspruch (Vgl. hierzu Abschnitt 1.1.) tatsächlich nicht eingelöst wird. Aus erwachsenenbildnerischer Sicht wäre es allerdings bedauerlich, wenn wirkliche Bildung nicht mehr als Ziel der betrieblichen Weiterbildung gesehen würde.

[47] Vgl. BÜCHTER/HENDRICH (1998), 41.

[48] Vgl. KRAFT (1998), 53

len.[49] An dieser Situation scheint sich nicht viel geändert zu haben: So wurde in einer Untersuchung von Stellenanzeigen im Jahr 2002 festgestellt, dass bei 193 Angeboten, die potenziell für Erwachsenenbildner geeignet wären, nur in sechs Anzeigen ein Studium der Erwachsenenbildung expressis verbis gefordert wurde. Ob daher, wie ARNOLD vermutet „in Zukunft in immer stärkerem Maße pädagogisch qualifizierte Führungskräfte in die Funktion des Bildungsmanagers hineinwachsen"[50] bleibt abzuwarten, auch wenn es durchaus wünschenswert wäre.

In Zukunft ergeben sich hier künftig drei Aufgaben: Zum einen muss die Erwachsenenbildung noch mehr die Veränderungen in der Realität der Erwachsenenbildungspraxis mit veränderten Trägerstrukturen zur Kenntnis nehmen und sich in Forschung und Lehre darauf einstellen. Dies wird aber nicht nur dadurch geschehen können, Erwachsenenbildner tatsächlich stärker fachwissenschaftlich und betriebswirtschaftlich zu qualifizieren, nach ARNOLD muss auch mehr darauf geachtet werden, die pädagogische Qualifikation anzupassen: Pädagogen als Bildungsmanager sind vor allem in der Makrodidaktik zu qualifizieren, anstatt sich in der Ausbildung „an einem mikro-didaktischen Bild von Erwachsenenbildung"[51] zu orientieren. Die zweite Aufgabe der Erwachsenenbildung und ihrer Absolventen wird es aber auch sein, die unstrittig vorhandenen Qualifikationen als hauptberufliche Bildungsmanager immer wieder präsent zu machen und zu verdeutlichen, dass pädagogisches Denken und Handeln eben keine ‚Jedermann-Kompetenz' ist, die man sich ohne fundierte Ausbildung erwerben kann. Gerade in der nachhaltigen Qualitätssicherung der Bildung können Pädagogen wegen ihres spezifischen Fachwissens nachhaltig wirken. Zudem muss die Erwachsenenbildung als dritte Aufgabe darauf hinwirken, dass Bildungsmanagement, als eine Aufgabe, die zunehmend mehr Führungskräften im Zuge der Dezentralisierung der Personalarbeit erwächst, von diesen auch qualifiziert bewältigt werden kann. Notwendig ist dazu eine pädagogische Qualifizierung der mit Menschenführung betrauten Personen. Führung erhält damit zu den ohnehin schon reichlich vorhandenen pädagogischen Bezügen einen weiteren originär pädagogischen Aspekt.

---

[49] Vgl. SCHULER/BAUSCH (1992), 58.
[50] ARNOLD (1997), 195.
[51] ARNOLD (1997), 197.

Literaturverzeichnis

ADAM, K.: Abschied von Humboldt. In: DIE WELT, 08.09.2006, Seite 8.

ARNOLD, R.: Betriebspädagogik. Berlin 1997².

ARNOLD, R.; HÜLSHOFF, T. (Hrsg.): Rekrutierung und Qualifizierung des betrieblichen Bildungspersonals. Heidelberg 1981.

ARNOLD, R.; KRÄMER-STÜRZL, A.; MÜLLER, H.-J.: Wie sollten Erwachsenenbildner im Arbeitsfeld der betrieblichen Weiterbildung weitergebildet werden? In: PETERS, S. (Hrsg.): Professionalität und betriebliche Handlungslogik. Bielefeld 1998.

BECKER, M.: Vom Objektbezug zur Subjektorientierung in der betrieblichen Weiterbildung. Halle (Saale) 1997.

BECKER, M.: Aufgaben und Organisation der betrieblichen Weiterbildung. München 1999².

BÜCHTER, K.; HENDRICH, W.: Professionalisierung in der betrieblichen Weiterbildung – Für eine Politisierung der erwachsenenpädagogischen Diskussion. In: PETERS, S. (Hrsg.): Professionalität und betriebliche Handlungslogik. Bielefeld 1998.

BUNDESMINISTERIUM FÜR BILDUNG UND FORSCHUNG (Hrsg.): Berichtssystem Weiterbildung IX. Bonn und Berlin 2006.

DEWE, B. (Hrsg.): Betriebspädagogik und berufliche Weiterbildung. Bad Heilbrunn 2000.

DIEDERICH, J.: Didaktik. In: REINHOLD G.; POLLAK, G.; HEIM, H. (Hrsg.): Pädagogik-Lexikon. München 1999.

DIEMER, V.; PETERS, O.: Bildungsbereich Weiterbildung: Rechtliche und organisatorische Bedingungen, Inhalte, Teilnehmer. Weinheim und München 1998.

DROSDOWSKI, G. u.a. (Hrsg.): DUDEN Band 7: Das Herkunftswörterbuch. Mannheim u.a. 1963.

FAULSTICH, P.: Hochschulausbildung für Erwachsenenbildner. In: BEINKE, L. (Hrsg.): Der Weiterbildungslehrer. Weil der Stadt 1981.

FÜLLGRAFF, B.: Stellen- und Qualifikationsanforderungen in den Studien- und Praxiseinrichtungen der Erwachsenenbildung. Hannover 1975.

GERLICH, P.: Controlling von Bildung, Evaluation oder Bildungs-Controlling? München und Mering 1999.

GÖHLER, W.: Allgemeine BWL I. Studienbrief 6: Personalwirtschaft – Bedeutung/Personalplanung/Bedarfsdeckung und –anpassung. Studienbrief der Fern-Fachhochschule Hamburg 1997.

GÖHLER, W.: Allgemeine BWL I. Studienbrief 7: Personalwirtschaft – Personalentwickluung und –einsatz/Leistungerhaltung und -förderung. Studienbrief der Fern-Fachhochschule Hamburg 1997a.

HAHN, W.: Soziale Kompetenz im Kooperativen Personal- und Bildungsmanagement. Bonn 1993.

HAMACHER, P.: Entwicklungsplanung für die Weiterbildung. Braunschweig 1976.

KOCH, L.: Bildung. In: REINHOLD G.; POLLAK, G.; HEIM, H. (Hrsg.): Pädagogik-Lexikon. München 1999.

KRAFT, S.: (Qualitäts-)Krise als Chance? – Anmerkungen zu einigen Problembereichen betrieblicher Weiterbildung und Skizzen zu einem zukünftigen Qualifikationsprofil für Weiterbildner. In: PETERS, S. (Hrsg.): Professionalität und betriebliche Handlungslogik. Bielefeld 1998.

O.V.: Weiterbildung: Training on the job am häufigsten. In: ARBEITGEBER SPEZIAL 4/2006.

PASCHEN, H.: Kompetenz. In: REINHOLD, G.; POLLAK, G.; HEIM, H. (Hrsg.): Pädagogik-Lexikon. München und Wien 1999.

PETERS, R.: Erwachsenenbildungs-Professionalität Bielefeld 2004.

REINEMANN, H.: Betriebliche Weiterbildung in mittelständischen Unternehmen. Münster 2002.

REINHOLD, G.; POLLAK, G.; HEIM, H. (Hrsg.): Pädagogik-Lexikon. München und Wien 1999.

SCHNECK, O. (Hrsg.): Lexikon der Betriebswirtschaft. München 2000[4].

SCHULER, K.; BAUSCH, V.: Einblicke in das Berufsfeld der Bildungsmanager. München, 1992.

TIETGENS, H.: Reflexionen zur Erwachsenendidaktik. Bad Heilbrunn 1992.

WEIß, R.: Aufgaben und Stellung des betrieblichen Weiterbildungspersonals. In: GEIßLER, H.: Neue Qualitäten betrieblichen Lernens. Frankfurt u.a. 1992.

WÖHE, G.; DÖRING, U.: Einführung in die allgemeine Betriebswirtschaftslehre. München 1996[19].